LATINE CANTEMUS

CANTICA POPULARIA LATINE REDDITA

Translated and Illustrated
by
Franz Schlosser

with traditional
POPULAR LATIN SONGS
CHRISTMAS SONGS IN LATIN
GREGORIAN CHANTS

Bolchazy-Carducci Publishers, Inc.
Wauconda, Illinois USA

General Editor
Virginia Anderson

Bolchazy-Carducci Publishers, Inc.
1000 Brown Street
Wauconda, IL 60084 USA
www.bolchazy.com

Printed in the United States of America
2004
by United Graphics

ISBN 0-86516-315-4

Table of Contents

Preface   vii

Cantica Puerilia   1

Come, Follow Me   2
Old MacDonald Had a Farm   3
Row, Row, Row Your Boat   4
Three Blind Mice   4
This Old Man   5
If You're Happy   6
Ten Little Indians   7
Happy Birthday to You   8
For He's A Jolly Good Fellow   9
The Farmer in the Dell   10
Simple Simon   11

Cantica Meditatoria   13

Amazing Grace   14
John Brown's Body   15
Swing Low, Sweet Chariot   16
Kum Ba Ya   16
Nobody Knows the Trouble I've Seen   17
Oh, When the Saints Go Marching in   18
Auld Lang Syne   19
He's Got the Whole World in His Hands   20
Go Down, Moses   22
We Shall Overcome   23
Rock My Soul   24

Cantica Multarum Gentium 25

Frère Jacques 26
Guantanamera 27
Cockles and Mussels 28
Hava Nagila 30
Alouette 31
Greensleeves 32
Aloha Oe 33
Sur le Pont 34
Song of the Volga Boatmen 35

Cantica Nautica 37

My Bonnie … 38
What Shall We Do with the Drunken Sailor 40
Good Night, Ladies 41
Sloop John B. 42

Cantica Americana 43

Oh, My Darling Clementine 44
Shenandoah 45
Dixie Land 46
On Top of Old Smoky 47
500 Miles 48
Home on the Range 49
Yankee Doodle 50
Tom Dooley 51
Down By the Riverside 52
The Star Spangled Banner 53
America the Beautiful 54
Polly Wolly Doodle 55
Old Folks at Home (Swanee River) 56
When Johnny Comes Marching Home 57
There's a Hole in the Bucket 58
There Is A House in New Orleans 60
Oh, Susannah 62
She'll Be Coming Round the Mountain 63

Cantica Natalicia — 65

Jingle Bells — 66
We Wish You a Merry Christmas — 67
Oh, Christmas Tree — 68
Go Tell It on the Mountain — 69
O Come, All Ye Faithful — 70
The Twelve Days of Christmas — 74
Silent Night, Holy Night — 75
Hark! The Herald Angels Sing — 76
Joy to the World — 76
I Saw Three Ships Come Sailing In — 77
Deck the Halls — 78

Appendix I
Popular Latin Songs — 79

America — 80
God Save the King — 80
Old Folks at Home — 81
My Bonnie — 82
Good Night, Ladies — 83
John Brown's Body — 83
For He's a Jolly Good Fellow — 84
Gaudeamus Igitur — 85
Drink to Me Only — 86
Dixie Land — 87
Carry Me Back to Old Virginny — 88
Caesar's Triumph — 89
Auld Lang Syne — 90
The Star Spangled Banner — 91
Dulce Cum Sodalibus — 92
Amata est Trans Oceanum — 92
Battle Hymn of the Republic — 92
America — 93
America Pulchra — 93
O Canada — 93
Ecce Caesar — 94

Tu Es Sol Meus	94
Ingredientibus Sanctis	94
In Via Ferri Laboravi	95
Procul a Suani Rivis	95
Illa Veniet Circum Montem	96
Auld Lang Syne	96
Haec Terra Est Vestra	97
Horatius Fundum Habuit	97
When Irish Eyes Are Smiling	98

Appendix II
Christmas Songs

	99
O Come All Ye Faithful	100
Joy to the World	101
O Little Town of Bethlehem	102
God Rest You Merry, Gentlemen	104
It Came upon the Midnight Clear	106
The First Nowell	107
Hark the Herald Angels Sing	108
Silent Night	109
Stille Nacht	110

Appendix III
Gregorian Chants

	111
VIII. Mass (De Angelis)	112
Rorate	115
Adeste Fideles	116
Victimae Pascali	117
Adoro Te Devote	118
Veni Creator Spiritus	119
Te Deum	121
Pange Lingua	124
Requiem Aeternam	127
Dies Irae	128

Index Titulorum

	132

PREFACE

Bene te habebis, qua
Sonent pulchra cantica –
Quae si sunt Latina, te
Et habebis optime!

Singing together is a source of amusement and delight, it is relaxing and socially integrating.

Singing in a foreign language is a variant of the communicative educational aim of "speaking"; it is an unconscious memorizing of foreign linguistic structures, facilitated by the rhyme. Singing German, French or Spanish songs in class is the most natural thing in the world. But what about singing Latin songs? Does the "dead" language resist the proven practice of modern language teaching? —Certainly not!

So why not have a try?

These songs are for students of Latin, their teachers: everybody, strictly speaking, who loves the language of Livy and Cicero and would like to sing in it.

This book contains a selection of (mainly) British and American well-known traditional songs (including chanties, nursery rhymes, Christmas carols, spirituals, and folk songs) translated into Latin.

A literal translation was aimed at whenever rhyme and rhythm allowed this. Yet in many cases the translation can only convey the general sense or idea—and for good reason, which might be an additional incentive or challenge to the reader. Great importance has been attached to avoiding rhythmical discrepancies between the English originals and their respective Latin translations. Thus, if a line of the original contains 8 syllables, 5 long ones and 3 short ones, the translation will follow this pattern.

And now sing—and the world will sing with you.

Waldsee, March 1995   Franz Schlosser

CANTICA PUERILIA

Come, Follow Me

Sequaris
Velim, velim,
Velim, velim,
Velim me!
Quonam vis te sequar,
Sequar, sequar,
Quonam vis te sequar,
Sequar te?
Ut ad quercum,
Ut ad quercum
Me sequaris
Ducor spe.

vel autem:

Fac mecum, mecum, mecum
Mecum vadas, fac, cum me!
Quonam velis tecum, tecum, tecum,
Quonam velis vadam, dic, cum te?
Ut ad quercum, ut ad quercum
Vadas mecum ducor spe.

Old MacDonald Had a Farm

Mac Donaldo rustico
Fundus est. Euoe!
Gallinae hoc in rustici
Fundo sunt. Euoe!
Clamant gac gac hae
Aves plumeae:
Illic gac
Hic et gac,
Nihil nisi gac gac.
Mac Donaldo rustico
Fundus est. Euoe!

Et vaccae hoc in rustici ...
Clamant mu mu hae
Boves feminae ...

Et canes hoc in rustici ...
Clamant vuf vuf hi
Omnes catuli ...

Et porci hoc in rustici ...
Clamant oinc oinc hi
Boni porculi ...

Et oves hoc in rustici ...
Clamant bae bae hae
Bestiae stupidae ...

Et feles hoc in rustici ...
Clamant mau mau hi
Feles catuli ...

Et asini in rustici ...
Clamant i-a hi
Stulti asini ...

Et anates in rustici ...
Clamant quac quac hae
Anaticulae ...

Row, Row, Row Your Boat

Flumen placide naviga tuum —
Laetule, laetule, laetule, laetule!
Vita somnium.

Cibum manduca, escam, hilare!
Qui edit minus, ridet plus,
Melius habet se.

Three Blind Mice

Currunt tres
Mures, tres.
Qui caeci sunt.
Qui caeci sunt.
Sectati illi sunt rusticam.
Quae cultro decidit his caudulam.
Quod mirius caecis, dic, tribus his
Est musculis?

This Old Man

Senex hic tympano
Meo ludit sedulo.
Rum, bum, ra-ta-tum.
Os fac cani des!
Estne haec miranda res?

... sandalis
Meis ludit lepidis ...

... genulo
Meo ludit nitido ...

... specta hunc,
Cultro meo ludit nunc ...

Ianua senex is
Ludit mea ubivis ...

If You're Happy

Si te esse scis beatum,
Plaude sic,
Si te esse scis beatum,
Plaude sic,
Si te esse scis beatum
Hominem et fortunatum,
Si te esse scis beatum,
Plaude sic!

... pulsa hic! *(coxae pulsandae sunt)*

... pulsa sic! *(terra pedibus pulsanda est)*

... crepa sic! *(digitis crepandumst)*

... ita fac! *(nares emungendae sunt)*

... clama "Sum!"

Feminae (parvulae, virgines) haec cantant:

Si te esse scis beatam ...
Si te esse scis beatam
Feminam (parvulam, virginem) et fortunatam ...

Ten Little Indians

Fusco
Parvus amiculus,
Fusco
Parvus amiculus,
Fusco
Parvus amiculus,
Intimus Indulus est.

Unus
Et duo
Et tres parvi Induli,
Quattuor,
Quinque,
Sex parvuli Induli,
Septem parvi,
Octo parvi,
Novem parvi Induli,
Decem nunc Induli sunt!

Happy Birthday to You

Felicissimus sit,
Felicissimus sit
Dies festus nati tui,
Felicissimus sit!

For He's A Jolly Good Fellow*

Nam optimus est sodalium,
Nam optimus est sodalium,
Nam optimus est sodalium:
Quod non est dubium!

*see also p. 84.

The Farmer in the Dell

In valle rusticus *(2x)*
Io, êû ôê, êû ôê
In valle rusticus.

Maritam ille vult …

Pusionem haec vult …

Catellum qui vult …

Catellus vult os …

Simple Simon

Simon virum vidit mirum,
Qui vendebat cibum.
Simon viro dixit miro:
"Dona mihi cibum!"

Is Simoni tum pusioni:
"Aesne habes ullum?"
Simon viro dixit miro:
"Nullo modo, nullum!"

CARPE DIEM

via **Latin** on
CD-R◉M

BOLCHAZY-CARDUCCI PUBLISHERS, INC.

CANTICA MEDITATORIA

Amazing Grace

O gratia tu, dulcissima,
Quae servavisti me,
Omnia erant perdita,
Nunc optima sum spe.

Implebas metu cor, qua re
Levabas animum.
Quantopere amabam te,
Cum pius factus sum.

Iam vici tot pericula,
Curas, adversas res.
Domum ut ducar gratia
Tua, me tenet spes.

Iesus, quam est gratissimum
Hoc nomen mihi, nam
Dolores sanat omnium,
Vulnera etiam.

Sunt crucis soli Iesui
Ferenda pondera?
Minime! Cuique homini
Ferenda sunt ea.

John Brown's Body*

John Brown, humo qui mandatus, putrefit. / *ter*
Permanebit anima.
Laus et gloria sint Deo! / *ter*
Permanebit anima.

Blande et amanter stellae spectant tumulum, / *ter*
Viri corpus mortuum.
Laus …
Viri corpus mortuum.

Miles ille fiet Dei in exercitu. / *ter*
Permanebit anima.
Laus …
Permanebit anima.

*see also p. 83.

Swing Low, Sweet Chariot

Veni de caelo, tensa!
Domum, quaeso, porta me!
Veni de caelo, tensa!
Domum, quaeso, porta me!
Spectans trans Iordanem
Vidi plurimos,
Domum, quaeso, porta me!
Me prosequentes caeli nuntios,
Domum, quaeso, porta me!

Petentem caelum quaeso te …
Amicis dic venturum mox et me …

Sum bono, malo animo …
Qui caelum peto tam sedulo …

Kum Ba Ya

Te, o Domine, appeto / *ter*
O te appeto.

Sunt, qui clament "Te appeto" / *ter*
O te appeto.

Sunt, qui cantent "Te appeto" / *ter*
O te appeto.

Sunt, qui orent "Te appeto" / *ter*
O te appeto.

Nobody Knows the Trouble I've Seen

Quem vidi labor notus nemini,
Nemini nisi Iesui.
Quem vidi labor notus nemini.
Gloria sit Deo!

Sum bono, malo animo,
Dive mi,
Nonnumquam etiam pessimo,
Dive mi!
Quem vidi labor …

Quem diem, quo ornatus sum,
Dive mi,
Amore regis caelitum,
Dive mi,
Numquam oblivioni dem,
Dive mi,
In eo qui sum nactus spem,
Dive mi!
Quem vidi labor …

Oh, When the Saints Go Marching In

Cum intrant caelum sancti,
Cum intrant caelum sancti,
Annumerari in his vellem,
Cum intrant caelum angeli.

Cum lucent caeli stellae ...

Cum lucet lunae lumen ...

Auld Lang Syne*

Num decedamus omnes
Sine reditionis spe?
Nos decedamus omnes
Spe carentes, vera re?
Nil aliud nisi abitus
Hoc est, fraterculi,
Nil aliud nisi abitus
Haud longi spatii.

Nectamus iunctis manibus
Jam ante abitum,
Nectamus iunctis manibus
Amoris vinculum.
Nil aliud ...

Nam Deus bonus iterum,
Qui expiabit nos,
Nam Deus bonus iterum
Nos iunget intimos.
Nil aliud ...

*see also p. 90 and p. 96.

He's Got the Whole World
in His Hands

Tenet in manu
Totum mundum,
Tenet manu
Totum mundum,
Tenet manu
Totum mundum,
Tenet mundum manibus.

Qui tenet parvulum infantem
Manu sua, tenet parvulum infantem
Manu sua, tenet parvulum infantem
Manu sua, tenet mundum manibus.

Qui tenet et te, frater,
Manu sua, tenet ...

Qui tenet filium et patrem
Manu sua, tenet ...

Qui tenet filiam et matrem
Manu sua, tenet ...

Qui tenet solem et lunam
Manu sua, tenet …

Tenet in manu
Totum mundum,
Tenet manu
Totum mundum,
Tenet manu
Totum mundum,
Tenet mundum manibus.

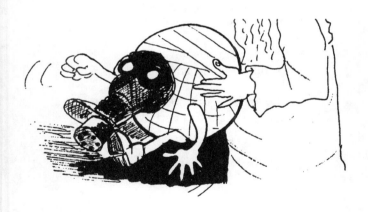

Go Down, Moses

Iudaei ab Aegyptiis,
Meos libera,
Opprimebantur dominis,
Meos libera!
In Aegyptum
Iter, o Moses, fac!
Pharaoni dic:
Meos libera!

Quos Dei refert nuntios:
"Meos libera,
Ne necem primos genitos!" …

"Vos hostes oppriment non iam …
Donabo vobis Canaam …"

"Vos ducat lux clarissima …
Per loca desertissima …"

Servile tempus abiit …
De oppressione actum sit …

Fugamus iugum domini …
In Christo simus liberi …

We Shall Overcome

Evincemus omnia, evincemus omnia,
Evincemus cuncta mox.
Quod imum cor meum scit, hoc:
Evincemus cuncta mox.

Demus manus inter nos, demus manus inter nos,
Has mox demus inter nos.
Quod imum cor meum scit, hoc:
Has mox demus inter nos.

Pacem et habebimus, pacem et habebimus,
Mox et hanc habebimus.
Quod imum cor meum scit, hoc:
Mox et hanc habebimus.

Rock My Soul

Move me
Abrahamis in sinu, o,
Move me
Abrahamis in sinu, o,
Move me
Abrahamis in sinu, o,
Fac moveas me!

CANTICA
MULTARUM GENTIUM

Frère Jacques

Surge, surge,
Frater Iacob,
Lecto nunc,
Lecto nunc!
Iam campanae sonant,
Iam campanae sonant —
Din don don,
Din don don!

Guantanamera

Guantanamera,
Puella, Guantanamera,
Guantanamera,
Puella, Guantanamera.

Vir animo sum sincero,
Vivo, qua palmae sunt, mare,
Vir animo sum sincero,
Vivo, qua palmae sunt, mare.
Qui moriturus hoc spero:
Cantando me liberare.
Guantanamera …

Sunt versus virides mei
Sanguineo et colore,
Sunt versus virides mei
Sanguineo et colore,
Laesus, respersus cruore,
Ut cervus fugens sunt ei.
Guantanamera …

Velim cum mendicis vanum
Patiri sortem, sincere,
Velim cum mendicis vanum
Patiri sortem, sincere,
Praefero rivum montanum
Mari, oceano, vere.
Guantanamera …

Cockles and Mussels

Dublini puellae
Sunt eximie bellae.
Est harum bellissima
       Molly Malone.
Carrum suum promovebat,
Clamorem edebat,
Clamitabat "Sunt bona
Conchylia mea!"
Clamitabat "Sunt bona",
Clamitabat "Sunt bona",
Clamitabat "Sunt bona
Conchylia mea!"

Quae pisces vendebat
Et hos distrahebat.
Parentes quod fecerant
       antea iam.
Qui et carrum promovebant,
Clamorem edebant,
Clamitabant "Sunt bona
Conchylia ea!"
Clamitabant …

Vae! Febri puella
Est mortua bella.
Est actum de dulci nunc
	Molly Malone!
Sed ab eius moveatur
Umbra carrus nunc, vehatur!
Quae et clamat "Sunt bona
Conchylia mea!"
Quae et clamat …

Hava Nagila

Hilares simus,
Hilares simus,
Hilares simus,
Laetissimi!
Omnes cantemus nunc,
Omnes cantemus nunc,
Omnes cantemus, iubilemus nunc!
Laeta, fratres,
Corda laeta habeamus,
Corda laeta habeamus,
Corda laeta habeamus!
Corcula sint,
Corcula sint
Hilara nostra!

Alouette

Alaudella,
Bona avicella,
Sine tibi
Vellam plumulas!
Velim sinas rostrulum
Vellam tuum rubidum,
Rubidum, rubidum
Rostrulum, rostrulum!
Ah, ah, ah, ah,
Alaudella,
Bona avicella,
Sine tibi
Vellam plumulas!

... oculos ... tuos lepidos ...

... ventrulum ... tuum turgidum ...

... alulas ... tuas nitidas ...

... caput tum ... tuum blandulum ...

... collulum ... tuum
  splendidum ...

etc.

Greensleeves

Eheu, o mel, qua spernis re
Me modo crudelissimo
Fideliter amantem te
Et modo frigidissimo?
Greensleeves,
Amabam te
Greensleeves,
Ocelle mi!
Greensleeves,
Adorabam te,
Ut deam colebam te,
Greensleeves!

Quo magis aspernaris me
Te eo magis cupio.
Amoris tui, vera re,
Sum captus, sum in vinculo.
Greensleeves …

Eheu, o mel, vanissima,
Fallaci mente praedita,
Superba, inflatissima,
Quam perfida es femina!
Greensleeves …

Nunc vale, Greensleeves, Deus te
Tuatur, mea anima!
Te adhuc amo perdite—
Domum redi! Me ama!

Aloha Oe

"Vale" nobis nunc dicendumst, vae!,
Qui maesti sumus ea re.
Sed in corde somnia sunt. Quae
Somniavi hic una cum te.
Nunc valeas,
Nunc valeas,
Pulcherrima, quae habitas sub palmis!
Saviare me
Nunc relinquentem te!
Redibo rursus, cor.

Sur Le Pont

Alacres,
Hilares
Omnes saltant Avenionis,
Alacres,
Hilares,
Hic in ponte iuvenes.

Sic viri pulchri faciunt,
Iterum et faciunt.

Virgines sic faciunt,
Iterum et faciunt.

Medici ...

Rustici ...

Milites ...

Song of the Volga Boatmen

Age, trahe,
Age, trahe,
Age, iterum
Iterumque!
Cantica canentes
Lembulos
Trahimus sequentes
Ripam nos.
Insta, instate,
Insta, instate!
Nos sequentes
Ripam lembos.

CANTICA NAUTICA

My Bonnie ...*

Trans mare dilectus et meus,
Dilectus est procul a me;
Trans mare dilectus est meus
Ut redeat mox peregre!

Refrain:
Ut mox, ut mox,
Ut redeat mox peregre ad me,
Ut mox, ut mox,
Ut redeat mox peregre!

Quem nocte praeterita vidi,
Dum somnians lecto insum;
Quem nocte praeterita vidi
Exanimem—vae!—mortuum.

Refrain
Ut mox...

O vente, fac flatibus tuis
Is redeat domum, ad me;
O vente, fac flatibus tuis
Is redeat mox peregre.

Refrain
Ut mox...

* see also p. 82.

Euoe! reportavit dilectum,
Cor meum, vis venti ad me;
Euoe! reportavit dilectum
Vis venti ad me peregre.

Refrain
Reportavit
Vis venti dilectum ad me, ad me,
Reportavit
Cor meum ad me peregre.

What Shall We Do
with the Drunken Sailor?

Ebrium quo tractemus nautam / *ter*
Primae lucis hora?
Sursum, deorsum, navis / *ter*
Prima lucis hora!

Quem terreamus, somno exciamus ...

Aqua et sale eum curemus ...

Crapulam edormiat in cumbam iactus ...

Quem conspergamus aqua plane ...

Constringamus hunc vinculo navali ...

Ebrius sic est tractandus nauta ...

Good Night, Ladies*

Amicellae,
Amicellae,
Amicellae,
Vos deseremus nunc.
Hilare oceanum,
Oceanum, oceanum,
Hilare oceanum
Petimus lividum.

Valeatis ...

Bene vobis ...

Haec verba etiam cantari possunt:

Traiciemus maria, maria, maria,
Maria undantia
Et spumantia.

*see also p. 83.

Sloop John B.

Cum avulo Sloop John B.
Conscendi navem. Qui
Vino sepultus per vim
Ob hebetem
Rixavit mecum rem.
Spes tenet me, vae,
Ut domi mox sim.

Chorus:
Fac vela, navigii
Praefecte bone mi,
Fac armes navigium, ut
Domi mox sim,
Domi mox sim,
Ut domi mox sim
Spes tenet me, vae,
Ut domi mox sim.

Vae, destruxit decanulus
Navis cuncta ebrius.

Abductus qui est e navi
    nauta per vim.
O tutor, quaeso te,
Fac omittas me!
Spes tenet me, vae,
Ut domi mox sim.

Chorus

Cibos insanissimus
Vir abiecit, coquulus.
Edit et meam ptisanam tum.
Fac domi mox sim,
Fac domi mox sim,
Hoc iter est pessimum,
Cum genitus sum!

Chorus

CANTICA AMERICANA

Oh, My Darling Clementine

Habitabat in caverna
In convalle posita
Fossor bella
Cum puella,
Filia Clementinula.
Clementina, Clementina,
Mea lux, ocelle mi,
De te actumst, columbina
Misera, te perdidi!

Erat levis sicut pluma,
Utebatur filia
Soleis vel crepidis
Pusillis Clementinula.
Clementina ...

Anates aquatum mane
Ducens Clementinula
Ruit in aquam
Excitatam.
Haustast a piscinula!
Clementina ...

Emerserunt labra rubra
Et fecerunt bullas. Ah!
Eram nandi imperitus —
Vale, Clementinula!
Clementina ...

Quam deflevi, quam
     deflevi.
Soror eius lepida
Basiatur et amatur
Nunc pro Clementinula.
Clementina ...

Shenandoah

Missouri, tu, quam es turbatum,
O flumen undans bellum,
Indiani sunt ad tuum stratum.
Et nunc appetimus,
Flumen, te, Missouri.

Vir, Shenandoah, puellam sanam ...
Amabat perdite, Indianam ...

Vir albus non accepit illam ...
A principe, bellam pupillam ...

Quem miro mero quodam mane ...
Delectaverunt nautae plane ...

O, Shenandoah, relinquam castra ...
Cum filia, persequar astra ...

O, Shenandoah, mi discedendumst ...
O, Shenandoah, proficiscendumst ...

O, Shenandoah, en obstinatum ...
Missouri ibo navigatum ...

Dixie Land*

Ut sim, qua est linum xylinum, qua
Non mutantur bona tempora,
Procul es, procul es, procul es,
Dixieland.
In Dixieland sum natus mane
Quodam frigido inane,
Procul es, procul es, procul es
Dixieland.

Chorus:
Velim vivere in Dixie, euoe, io!
Quam vivam grato animo
Et moriar in Dixie,
Procul et peregre
In dulci Dixie,
Procul et peregre
In dulci Dixie.

* see also p. 87.

On Top of Old Smoky

Sum illo orbata, in monte qui me
Amabat sincere, sed tam timide.

Nos iuvat amare. Sed peior est quam
Fur falsus amator, qui aufugit clam.

Fur aere nos privat. Nos sepelit, qui
Non amat sincere nos, animi vi.

Sepultae in tabem resolvimur, quae
Nos viris credidimus virgunculae.

Basiantes nos dicunt mendacia. Quae
magis numerosa quam stellae sunt —vae!

Puellae, audite haec verba ad rem:
Cavete ametis —sic est! — salicem!

Intereunt folia et radices. Te
Relinquent puellam — ignoras qua re.

500 Miles

Nisi te amantem me
Cernam, ibo peregre
Utens postibus ferratis — valeas!
Valeas, valeas, valeas, valeas,
Utens postibus ferratis —valeas!

Peregre sum, a me
Distas, sum peregre,
Ferrivia qui sum usus — valeas!
Valeas, valeas, valeas, valeas,
Ferrivia qui sum usus — valeas!

Tunicis intimis
Careo, nummulis.
Domum non redire possum ea re.
Ea re, ea re, ea re, ea re
Domum non redire possum ea re.

Home on the Range

Ut vivam, qua hi
Omnes sunt bufali,
Qua et saliunt cervuli, qua
Et sunt homines
Bona spe, alacres
Quaque caela non sunt nubila.

Hic domi nunc sum,
Qua sunt bufali, cervuli, qua
Omnes sunt homines
Bona spe, alacres
Quaque caela non sunt nubila.

Yankee Doodle

Intravit Yankee Doodle urbem. Equo vehebatur.
Ornatus erat penna, "maccheroni" quae vocatur.
Yankee Doodle, resona,
Yankee Doodle, sane!
Serva cantum, gere te
In virgines urbane!

Oh, Yankee Doodle cantus est non satis fructuosus.
Quo hostibus incutitur terror formidolosus.
Yankee Doodle, resona …

Tom Dooley

Chorus:
Actumst de te, Tom Dooley.
Plora, mi bone, fle!
Actumst de te, Tom Dooley.
Tollent in crucem te!

Repperi in monte
Quam necavi —ah!—
Repperi in monte,
Cultri lamina.

Chorus

Scio, qua cras mane
Ero, captus qui
Sum a Grayson. Noniam
Capiam Tennessee.

Chorus

Scio, qua cras mane
Ero, ego, qui
Albidae suspensus
Ero ilici.

Chorus

Down By the Riverside

Deponam onus
In ripa fluvii / *ter*
Deponam onus
In ripa fluvii / *bis*

Chorus:
Satietas belli capit me / *6x*

Deponam vasa ...

Chorus

Deponam gladium et scutum ...

Chorus

The Star Spangled Banner*

En! Specta, novus
Dies cum appetit,
Quod vexillum die
Proximo salutatum
Gravi minime in
Acie periit,
Splendidum patrium,
Stellis, virgis ornatum.
Comprobabant nam, qui
Displodebant cum vi,
Nostrum signum exstare
Globi igniferi.
Quod semper vexillum
Americam, nos
Fortes tegat, vindicet,
Et ingenuos!

* see also p. 91.

America the Beautiful*

Cum caela ampla, lutei
Sint campi tui, cum
Sint montes tui splendidi,
Solum frugiferum,
America, America,
Defendat Deus te,
Det pacem tibi ubivis,
Successum hac de re!

*see also p. 93.

Polly Wolly Doodle

In meridiem ii Sabinulam,
Voce Polly Wolly Doodle hilari,
Ad visendam meam lepidam,
Canto mane iam, meridie, vesperi!
Vale nunc, vale nunc,
Vale nunc, ocelle mi!
Proficiscar ad pulchellam
Visitandam Sabinellam,
Canto mane iam, meridie, vesperi!

Sunt Sabinae comae, crede mi ...
Laetae, crispi et oculi ...
Vale nunc ...

Ad flumen vincendum profundum, frigidum ...
Sum Nigrita vectus, quem duxi equulum ...
Vale nunc ...

Old Folks at Home (Swanee River)*

Quo loco fluit Swanee flumen,
Quo, peregre,
Sunt avi mei, vidi lumen.
Illuc cor trahit me.
Terrae percurro orbum totum,
Avulos qui
Cupio videre, fundum notum.
Animo sum lugubri.

Ubivis est in squalore
Mundus hominum,
Cor meum quod est in maerore.
Procul ab intimis sum.

Crebro per fundum ambulabam
Parvulus. Qua
Meos tum dies dissipabam
Cantitans cantica.
Me domi laete tum ludentem
Ad mammulam
Fac portes bonam senescentem.
Qua vivam, transeam.

Ubivis …

Quocumque loco sim terrarum
Memini, quam
Plurimum diligo cunctarum,
Aeternam casulam.
Quando, dic, bombum facientes
Apiculas
Audiam domi et canentes
Violas teneras?

*see also p. 81 and p. 95.

When Johnny Comes Marching Home

Ioannem reversum praeter spem,
Euoe, euoe!,
Salvere iubemus militem,
Euoe, euoe!
Acclamant hunc et celebrant
Viri, puellae advolant,
Cum revenit domum
Bonus Ioannulus.

Sollemne huic parabimus,
Euoe, euoe!,
Quod vir est honorificus,
Euoe, euoe!
Ornabitur frons laureo
Herois huius ramulo,
Cum reveniet domum
Bonus Ioannulus.

Sint amor, amicitia,
Euoe, euoe!,
Hoc die bona ultima,
Euoe, euoe!
Cor delectemus hominis
Valentis, fortis militis,
Cum reveniet domum
Bonus Ioannulus.

There's a Hole in the Bucket

Est fissura in hama, Elisa, Elisa,
Est fissura in hama, Elisa, in hama.

Fissuram obtura, Henrice, Henrice,
Fissuram obtura, Henrice, obtura!

Qua re illud faciam, Elisa, Elisa,
Qua re illud faciam, Elisa, qua re?

Culmellis, Henrice, Henrice, Henrice,
Culmellis, Henrice, Henrice, culmellis!

Qui nimis sunt longi, Elisa, Elisa,
Qui nimis sunt longi, Elisa, nimis longi!

Breviores fac illos, Henrice, Henrice,
Breviores fac illos, Henrice, breviores!

Qua re illud faciam, Elisa, Elisa,
Qua re illud faciam, Elisa, qua re?

Cultello, Henrice, Henrice, Henrice,
Cultello, Henrice, Henrice, cultello!

Cultellus obtusus, Elisa, Elisa,
Cultellus obtusus, Elisa, obtusus!

Quem redde acutum, Henrice, Henrice,
Quem redde acutum, Henrice, acutum!

Qua re vis hoc faciam, Elisa, Elisa,
Qua re vis hoc faciam, Elisa, qua re?

Fac cote utaris, Henrice, Henrice,
Fac cote utaris, Henrice, co — te!
Est cos nimis sicca, Elisa, Elisa,
Est cos nimis sicca, Elisa, nimis sicca!

Quam riga, Henrice, Henrice, Henrice,
Quam riga, Henrice, Henrice, fac illam riges!

Qua re vis hanc rigem, Elisa, Elisa,
Qua re vis hanc rigem, Elisa, qua re?

Hanc aqua fac riges, Henrice, Henrice,
Hanc aqua fac riges, Henrice, a — qua!

Quo afferam modo hanc aquam, Elisa,
Quo afferam modo hanc aquam, quo modo?

Fac hama utaris, Henrice, Henrice,
Fac hama utaris, Henrice, ha — ma!

Est fissura in hama, Elisa, Elisa,
Est fissura in hama, Elisa, fissura …

There is a House in New Orleans

Est casa Aureliani
"Sol Oriens" dicta. Quae
Puellas multas perdidit—
Me ipsam quoque. Vae!

Est sartrix mater mea.
Est aleator, qui
Vocatur pater meus et
Qui bibit magna vi.

Est sponsus aleator
Qui petit urbes. Ne
Morosus sit, fit ebrius
Bibens immodice.

Ne faciat, quod feci,
Mone sororculam,
quae ut vitet casam hanc
Scelestam, perditam.

Iterum iam peto
Aurelianum,
Qua in urbe famula,
Capta etiam sum.

Appetito Aureliano
Actumst, eheu, de me,
Quae vitam agam, misera,
Plane carentem spe.

Oh, Susannah

Reliqui Alabamam
Cum viola mea, nam
Velim ire in Louisianam,
Qui Susannam cupiam.
O, Susanna,
Ne fleas propter me,
Qui reliqui Alabamam
Cum viola propter te!

Pluebat, cum profectus sum,
Et sol urebat. Ne
Me frigoris vi peritum
Deplores, quaeso te!
O, Susanna ...

Quae lacrimans placentulam
Edebat. Dixi: Me
Scis reliquisse patriam.
Ne fleas, quaeso te!
O, Susanna ...

Attacto Novo Cenabo
Exquiram illam. Qua
Reperta cadam illico
In solum parvula.
O, Susanna ...

Nisi inveniam melculum,
Actum erit de me!
Ne me sepultum mortuum
Deplores, quaeso te!
O, Susanna ...

She'll Be Coming Round the Mountain*

Transportabit montem illa visens nos,
Transportabit montem illa visens nos,
Transportabit montem illa,
Transportabit montem illa,
Transportabit montem illa visens nos.

Equos sex habebit illa visens nos ...

Salutandast nobis illa visens nos ...

Delectandast carne galli visens nos ...

Farinaceis et globis visens nos ...

*see also p. 96.

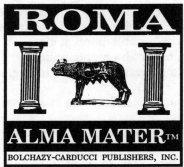

ROMA

ALMA MATER™

BOLCHAZY-CARDUCCI PUBLISHERS, INC.

CANTICA NATALICIA

Jingle Bells

Cursu rapido
Trahea nostra ducimur
In agro niveo.
Risus editur.
Tintinnabula
Sonant. Maxima
Omnes cum laetitia
Nunc canimus ea:

Tinniunt, tinniunt
Tintinnabula.
Iuvat et delectat nos
Vehi cito trahea,
Tinniunt, tinniunt
Tintinnabula.
Iuvat et delectat nos
Vehi cito trahea!

Curru iungo equulum,
Qui vecturus trahula,
Et una est mecum
Puella lepida.
Exilis equulus
in nivem incidit,
Inopinato, funditus.
Quod traham proruit.
Tinniunt …

We Wish You a Merry Christmas

Sit prosperus Iesus nati,
Sit prosperus Iesus nati,
Sit prosperus Iesus nati
Dies, novus annus!

Chorus:
Ne vobis ingrata
Sint nostra nuntiata.
Sit prosperus Iesus nati
Dies, novus annus!

E domo afferte libum ...
Bonum libum ad nos.

Chorus

Si vultis, ut abeamus ...
Hoc afferte ad nos!

Oh, Christmas Tree

O abies, O abies,
Est viridis frons tua!
O abies, O abies,
Est viridis frons tua!
Te video frondescere
Aestate sicut hieme.
O abies, O abies,
Est viridis frons tua!

O abies, O abies,
Gratissima es mihi!
O abies, O abies,
Gratissima es mihi!
Quam saepe die geniti
Te delectabar Domini!
O abies, O abies,
Gratissima es mihi!

O abies, O abies,
Haec frons me docet tua:
O abies, O abies,
Haec frons me docet tua:
Sunt illa nos firmantia
Spes bona et constantia.
O abies, O abies,
Haec frons me docet tua.

Go Tell It on the Mountain

Fac gentes certiores
Montes et valles incolentes,
Fac gentes certiores
De Christo genito!

Per dies et per noctes
Orabam, impius
Qui eram. Me iuvavit
Benignus Dominus.
Fac ...

Quaerebam veritatem
Perpetuo. Mihi
Oranti opus erat
Auxilio Domini.
Fac ...

Creavit me custodem
Oppidi moenium.
Christianus si sum ego,
Christianus levis sum.
Fac ...

vel etiam:

Die, nocte fidem
Quaerebam summa vi.
Monstravit, qua orandum
Sit Dominus mihi.
Fac ...

Homo flagitiosus
Rogavi Deum, qui
Iuvaret me. Sequendum
Monstravit iter mi.
Fac ...

Qui fecit custodire
Me urbis murulum,
Cunctorum Christianorum,
Me, tenuissimum.
Fac ...

O Come, All Ye Faithful*

Omnes venite,
Bethlehem adite,
Homines pii, beatissimi.
Regem spectate
Natum angelorum.
Venite et spectate,
Venite et spectate,
Venite et spectate
Dominum.

Qui est deorum
Deus, lux astrorum.
Qui autem ortus est a virgine.
Deus est verus,
Genitus, non factus.
Venite ...

O iubilate,
Angeli, cantate,
Omnes cantate, caeli incolae.
Et in excelsis
Gloria sit Deo.
Venite ...

Te salutamus
Natum et laudamus
Iesum hoc mane beatissimo.
Quod dixit Pater
Caro nunc est facta.
Venite ...

* see also p. 100.

Let's sing to the tune of

Come All Ye Faithful

1. If We Are Starving

Fame necamur,
Siti cruciamur
Nos miserandi, miserabiles!
Fame necamur,
Siti cruciamur,
Et fame nos necamur
Et siti cruciamur
Nos miserandi, nos
Miserabiles!

2 If Someone Keeps Us Waiting

Cur exspectandumst
Nobis, praestolandumst,
Tamdiu nobis exspectandum est?
Cur exspectandumst
Nobis, praestolandumst,
Cur nobis exspectandumst
Tam diu, praestolandumst,
Cur nobis exspectandum
Tamdiu est?

3 If We Don't Want to Go Home Yet

Domum redire
Nolumus, haurire
Volumus bonam cerevisiam.

(cont.)

Domum redire
Nolumus, haurire
Nos volumus, redire
Non volumus, haurire
Nos volumus, haurire
Cervisiam!

4 If We Want to Drink Another Glass of Wine

Vinum amamus,
Ergo et bibamus
Ultimum vini plenum poculum!
Vinum bibamus,
Vinum, qui amamus,
Bibamus, qui amamus
Nos, vinulum bibamus
Et iterum bibamus
Nos vinulum!

5 If We Ask Someone for a Dance

Fac saltes mecum,
Sine saltem tecum,
Fac saltes mecum, o ocelle mi!
Fac saltes mecum,
Sine saltem tecum,
Fac saltes, mi ocelle,
Fac saltes, mi ocelle,
Fac saltes mecum,
O ocelle mi!

6 If We Are Tired

Lectum petamus,
Cubitum eamus,
Lectum petamus, bonum lectulum!

Lectum petamus,
Cubitum eamus,
Nunc cubitum eamus,
Nunc lectulum petamus,
Nunc lectulum petamus
Plumeum!

7 If We Have a Toothache

Habeo dentem
Putridum dolentem.
Dens ille dolet mihi putridus!
Qui extrahendus
Dens est, evellendus!
Qui dens est extrahendus!
Qui dens est evellendus!
Qui dens est educendus
Putridus!!

The Twelve Days of Christmas

Die primo Christi nati me auxit lepidum
Perdice corculum.

Die secundo ...
Duobus turturibus, perdice corculum.

Die tertio ...
Tribus gallinis, duobus ...

Die quarto ...
Quattuor psittacis, tribus ...

Die quinto ...
Quinque anulis, quattuor ...

Die sexto ...
Sex anseribus, quinque ...

Die septimo ...
Septem cygnis nantibus, sex ...

Die octavo ...
Octo ancillis, septem ...

Die nono ...
Novem feminis choream dantibus, octo ...

Die decimo ...
Decem viris saltantibus, novem ...

Die undecimo ...
Undecim tibicinibus tibiis canentibus, decem ...

Die duodecimo ...
Duodecim tympanistis tympana pulsantibus,
Undecim...

Silent Night, Holy Night*

Tacita
Nox, placida!
Vigilat
Unica
Mater Iesuli geniti.
"Christe, dulcis infantule mi,
Dormi placide tu,
Dormi placide tu!"

Tacita
Nox, placida!
Benevolentia,
Amor, ridet ex osculo,
Infans, tuo sanctissimo,
Ex quo genitus es,
Ex quo genitus es.

Tacita
Nox, placida!
Sonat "Halleluia"
Angelorum, adventum qui
Boni nuntiant Christuli,
Te qui servet et me,
Te qui servet et me!

* see also p. 109 and p. 110.

Hark! The Herald Angels Sing*

Laudant regem genitum
Caeli nuntii, Dominum.
Regnat pax, et divites
Gratia fiunt homines.
Mundi omnes populi
Laeti sunt, laetissimi:
"Christus natus est!" cum his
Clamant caeli nuntiis.
Laudant regem genitum
Caeli nuntii, Dominum.

Joy to the World**

Christus advenit. Cuncti sint
Nunc laeti, hilares!
Aperiantur
Corcula
Et cantent homines! / *ter*

Christus advenit, homines
Et cantent canticum!
Quod personent
Planities
Et montes gaudium! / *ter*

*see also p. 108.
**see also p. 101.

I Saw Three Ships Come Sailing In

Navitae advenerunt tres,
Quo natus est,
Quo natus est,
Navitae advenerunt tres,
Quo natus est Christus die.

Quid inerat his navibus?

Virgo, Salvator Dominus.

Quonam ierunt naves tres?

In Bethlehem ierunt hae.

Campanae sonent omnes nunc!

Et canant caeli angeli!

Deck the Halls

Domus visco exornemus,
Fa la la la la la la la la,
Iubilemus, exsultemus,
Fa la la la la la la la la,
Habitu nos induamus,
Fa la la la la la la la la,
Iesum genitum canamus,
Fa la la la la la la la la!

Festum grande celebremus,
Fa la …
In promiscuo cantemus,
Fa la …
Me sequimini canentem,
Fa la …
Me de festo hoc loquentem,
Fa la …

Annus iterum transivit,
Fa la …
Novus perbrevi inibit,
Fa la …
Omnes alacres canamus,
Fa la …
Tempestatem rideamus,
Fa la …

APPENDIX 1

POPULAR LATIN SONGS[1]

[1] From: *Latin Songs and Carols*. Written or selected by J.C. Robertson, Toronto 1961 (repr.).

♩

*AMERICA**

O nostra patria,
Felix et libera,
 Te canimus;
Pro te sunt mortui
Patres fortissimi;
Te gaudent profugi,
 Spei domus.

———————

*GOD SAVE THE KING***

O Deus, fac regem[1]
Salvum[2] et sospitem;
 Diu vivat;
Affice gloria,
Laude, victoria;
Regni memoria
Permaneat.

Et Deus hanc nostram
Augeat patriam
 Omni in re;
Tota res publica
Semper sit libera,
Concors, pacifera,
 Summa fide.

Nec solos Deus nos
Sed omnes populos
 Custodiat;
Et quemque hominem
Ducant omnes fratrem,
Ut cunctum in orbem
 Pax redeat.

Lat. Songs, p. 5; see also p. 93.
**Lat. Songs*, p. 5.
[1] reginam
[2] salvam

*OLD FOLKS AT HOME**

Longe absens a suavi rivo
  Late vagor;
At sedes mihi pridem notas
  Memoria complector.
Plenus tristitiae peragro
  Avios montes,
Desiderans paterna rura
  Atque parentes dulces.

  Omnes res videntur maestae
    Mi peregrinanti,
      Ac requiescere oranti
  Domi vetustae meae.

Prata et arva perlustrabam
  A puero;
Multos gaudebam ibi dies
  Et cantu et ludo.
Ibant securi mihi anni
  Tecum, frater;
O utinam me nunc foveres,
  Alma benigna mater.

Carissima mi casa parva
  Stat in silvis;
Haec usque animo occurrit
  Diversis in terris.
Quando sum ibi auditurus
  Murmur apium?
Quando gaudentium concentum
  Ad citharae strepitum?

* *Lat. Songs,* p. 33; see also p. 56, p. 81 and p. 95.

♪

*MY BONNIE**

Trans aequora abiit Chloe;
 Abest Chloe longissime;
Trans aequora abiit Chloe;
 Reddatur amata Chloe.

Reddas, reddas, o reddas amatam mihi.

O Zephyre, aequora perfla;
 O venti, perflate mare;
O Zephyre, aequora perfla,
 Ut mihi reddatur Chloe.

Cum noctu in somnis iacerem,
 Cum lecto acquiescerem,
Cum noctu in somnis iacerem,
 Visa est periisse Chloe.

Per aequora Zephyrus flavit,
 Per mare flaverunt venti,
Per aequora Zephyrus flavit,
 Et redditur Chloe mihi.

**Lat. Songs*, p. 31; see also p. 38.

*GOOD NIGHT LADIES**

Vos valete, dulces puellae;
Vos valete, iam discessuri sumus.

> Nos iucunde ferimur, ferimur, ferimur,
> Nos iucunde ferimur in mari magno.

Bene dormite, dulces puellae;
Bene dormite, iam discessuri sumus.

Fausta somnia, dulces puellae;
Fausta somnia, iam discessuri sumus.

---

*JOHN BROWN'S BODY***

Corpus Ioannis redit nunc in pulverem;
   Pergit animus protinus.

> Io triumphe, conclamate;
> Pergit animus protinus.

Mortuus Ioannes est ut servos liberet;
   Pergit animus protinus.

Sidera de caelo comiter despiciunt
   In sepultum Ioannem.

In agmine caelestium Ioannes militat;
   Pergit animus protinus.

*Lat. Songs, p. 24; see also p. 41.
**Lat. Songs, p. 24; see also p. 15.

♪

*FOR HE'S A JOLLY GOOD FELLOW**

Sodalis ille iucundus,
Sodalis ille iucundus,
Sodalis ille iucundus,
    Nec quisquam dubitat.

Lat. Songs, p. 22; see also p. 9.

GAUDEAMUS IGITUR*

Gaudeamus igitur,
Iuvenes dum sumus;
Post iucundam iuventutem,
Post molestam senectutem
Nos habebit humus.

Vita nostra brevis est,
Brevi finietur;
Venit mors velociter,
Rapit nos atrociter,
Nemini parcetur.

Vivat Academia!
Vivant Professores!
Vivat membrum quodlibet,
Vivant membra quaelibet,
Semper sint in flore!

Vivat et res publica
Et qui illam regit!
Vivat nostra civitas!
Vivat haec sodalitas
Quae nos huc collegit!

Ubi sunt qui ante nos
In mundo fuere?
Ubi sunt qui ante nos
In mundo fuere?
Transeas ad inferos,
Abeas ad superos
Quos sivis videre.

*Lat. Songs, p. 23.

♩-

*DRINK TO ME ONLY**

Si tuis solum oculis
    Propines, sic ego;
In poculum da basium,
    Nil egeam vino.
Divinum sitit aliquid
    Incensus animus,
Sed Iovis nectar abnuam
    Tuo[†] impertitus.

Serta rosarum misi tibi,
    Non tam ad ornandum
Quam ut in spem adducerem
    Florendi per aevum.
Tu cum spirasses in illas
    Misisti rursus mi;
Nunc vero vigent integrae,
    Sed redolentes tui[†].

Lat. Songs, p. 21.
[†] *Pronounce* <u>tuo</u> *and* <u>tui</u> *as monosyllabic.*

DIXIE LAND*

O si ad meridiem redux essem;
Multam recordor uberem messem;
    Bene te, bene te, bene te, Dixia.
Nam natus fui in austrinis
Matutinis in pruinis;
    Bene te, bene te, bene te, Dixia.

        Vellem essem nunc in Dixia, Io, Io;
        Ut ad finem accederem
        Vitae illic in Dixia,
        Hinc procul longe in aprica Dixia

Dum adorea illa liba edetis,
Pingues magis et magis fietis;
    Bene te, bene te, bene te, Dixia.
Iam tempus terram pede quatere,
Decrevi illuc iter vertere;
    Bene te, bene te, bene te, Dixia.

*Lat. Songs, p. 20; see also p. 46.

– ♪ CARRY ME BACK TO OLD VIRGINNY*

Rursus Virginiam revisam,
    Ubi stat seges culto alta in solo,
Et volucres vere mulcent canorae;
    Eo reverti senescens aveo.
Arva colebam, fideliter ero,
    Diem ex die in segete flava;
Praeter omnes ille locus est carus
    Ubi fui natus, in Virginia.

    Rursus Virginiam revisam,
        Ubi stat seges culto alta in solo,
    Et volucres vere mulcent canorae
        Eo reverti senescens aveo.

Si in Virginiam revertar,
    Maneam usque ad summum senium;
Propter lacum ubi saepe vagabar
    Velim diem exspectare ultimum.
Erus iam diu et era decedunt;
    Mox consequar in piorum sedibus;
Ubi nec lacrimae sunt nec dolores,
    Illic una in aeternum erimus.

*Lat. Songs, p. 18.

CAESAR'S TRIUMPH*

Ecce Caesar nunc triumphat qui subegit Galliam,
Civiumque multitudo celebrat victoriam.

> Gaius Iulius Caesar noster, imperator, pontifex,
> Primum praetor, deinde consul, nunc dictator,
>   moxque rex.

En victores procedentes, laeti floribus novis,
Magna praeda sunt potiti et captivis plurimis.

Exsultantes magna voce Io triumphe! concinunt,
Dum auratum ante currum victas urbes praeferunt.

Legiones viam sacram totam complent strepitu,
Capitolinumque collem scandit Caesar in curru.

O sol pulcher, o laudande! Caesarem recepimus,
Et corona triumphali honoratum vidimus.

*Lat. Songs, p. 17; see also p. 94.

♪

*AULD LANG SYNE**

Num amicorum veterum
    Decet oblivisci?
Annorum heu fugacium
    Et temporis acti?

    Actum, sodales, ob tempus,
        Praeteritum tempus,
    Priusquam discesserimus,
        Manus iungamus.

Flores olim decerpsimus
    Ludentes in pratis,
Sed aspera peragravimus
    Diebus ex illis.

Et agebamus vacuos
    Dies ad rivulum;
Sed dividit iam diu nos
    Aequor undosum.

***Lat. Songs*, p. 14; see also p. 19 and p. 96.

THE STAR SPANGLED BANNER* ♪

Potestne cerni primo diluculo
Vexillum quod vesperi salutabamus,
Dum stellas clavosque et in proelio
Fluitantes superbe in vallo spectamus?
Atque salvum adhuc interdum subitae
Vexillum noctu ostendebant flammae;
O dic num despectet stellans vexillum
Liberam patriam fortiumque domum.

Per vapores maris unde instant hostes
In litore iam aliquid vix apparet,
Quod aura inconstans per celsas turres
Modo condit umbra, modo languide movet:
Ecce tandem primi solis sub lumina
Claro splendet colore vexilli aqua;
Atque diu despectet stellans vexillum
Liberam patriam fortiumque domum.

O semper sic fiat cum suas domos
Ab exitio populus liber defendet;
Quodque numen tuetur aras et focos
Divinitus victrix res publica laudet.
Superant semper iustam qui causam habent
Et in Deo spem ponere omnem solent;
Sic triumphans despectet stellans vexillum
Liberam patriam fortiumque domum.

*Lat. Songs, p. 11; see also p. 53.

♪

DULCE CUM SODALIBUS*
(tune: Good King Wenceslas)

Dulce cum sodalibus sapit vinum bonum.
Osculare virgines dulcius est donum;
Donum est dulcissimum lyra ceu Maronum;
Si his tribus gaudeam, sperno regis thronum.

———

AMATA EST TRANS OCEANUM**

Amata est trans oceanum,
Non est iam amata domi!
Amata est trans oceanum,
Reddatur amata mihi!
Reddas, reddas, reddas amatam mihi, mihi!
Reddas, reddas, reddas amatam mihi!

———

BATTLE HYMN OF THE REPUBLIC***

Advenientis Domini conspexi gloriam;
Irarum uvas conterens calcat vindemiam;
Evaginavit fulguris fatalis laminam:
Incedit veritas.
Gloria, gloria, alleluia! *(3x)*
Incedit veritas.

*From the *American Classical League* song sheet, p. 17.
**ibid.
***ibid.

AMERICA*

Te cano, patria, candida libera, te reforet.
Portus et exulem, et tumulus senum libera
        montium
Vox resonet.

AMERICA PULCHRA**

Tu peregrinis nobilis austeris fervidis,
Qui secuerunt tramites incultis in locis.
America, America, emendit te Deus.
Cor tuum semper tempera; per leges libera.

O CANADA***

O Canada, domus et patria,
Tuis fidelem pietatem da!
Ardentes te videmus, veram, fortem, liberam;
Longe latequ(e), O Canada, semper custodiam.
Deus, terram serva claram;
O Canada, semper custodiam. (2x)

*ACL song sheet, p. 17.
**ACL song sheet, p.17; see also p. 54.
***ACL song sheet, p. 17.

♪

ECCE CAESAR*
(Clementine)

Ecce Caesar nunc triumphat qui subegit
     Galliam,
Civiumque multitudo celebrat victoriam.

TU ES SOL MEUS**

Tu es sol meus, sol solus meus,
Me facis laetum dum nubes sunt,
O numquam scies quantum te amem,
Noli, sol, auferre solem!

INGREDIENTIBUS SANCTIS***

In vestigiis eorum, qui nos praecesserunt,
Erimus mox apud chorum omnium qui salvi
    sunt.
Ingredientibus Sanctis, ingredientibus Sanctis,
Volo hiscum numerari, ineuntibus Sanctis.
Cum splendens Dei sol lucet. (2x)
Volo hiscum numerari, qui illuminati sunt.

*ACL song sheet, p. 17; see also p. 89. Sing to the tune of
  Clementine.
**ACL song sheet, p. 17.
***ibid.

IN VIA FERRI LABORAVI*

In via ferri laboravi, diem in die.
In via ferri laboravi, tempus sic conterere.
Fistulaene sonum audis: "Surge, est primo mane"?
Ducemne audis iubentem Dina cornu canere?

Dina nonne vis, Dina nonne vis,
Cornum tuum ut sones, sones?
Dina, nonne vis, Dina nonne vis,
Cornum tuum ut sones?

Aliquis est in culina, verum esse hoc scio, scio.
Aliquis est ibi cum Dina, quia auditur banjo, et
    cantat.

"Fi-fai-fideliaio, fi-fai-fideliaio-o-o-o
Fi-fai-fideliaio", cantat is in hoc modo.

———————

PROCUL A SUANI RIVIS**

Heu! procul a Suani rivis, qui me trahunt,
Illuc revertitur cor nimis, ibi parentes sunt. Omnem
vagor per latum mundum, dum trist(i)
    animo
Desiderans paternum fundum, ub(i) est plantatio.

Chorus:
O quam fessus fio, ater, memor parentium.
Totus orbis est tristis, ater, ubicumqu(e) ego sum.

*ACL song sheet, p. 18.
**ACL song sheet, p. 18; see also p. 56 and p. 81.

♪
*ILLA VENIET CIRCUM MONTEM**

Illa veniet circum montem cum veniet. *(2x)*
Illa veniet circum montem, *(2x)*
Illa veniet circum montem cum veniet.

Ill(a) aget sex equos albos cum veniet (*etc.*)

Omnes ei occurremus cum veniet (*etc.*)

Edemus pullos et panem cum veniet (*etc.*)

---

*AULD LANG SYNE***

Sodalitatis veteris cur immemor ero?
Cur temporis praeteriti fiet oblivio?

Chorus:
Ob aevum iam praeteritum, praeteritum diu,
Nos poculum plenissimum sumemus nunc
manu.

Tum dextra dextram implicet, o vox fidissima;
Prolixe proluamus nos fluminibus vini.

*ACL song sheet, p. 18; see also p. 63.
**ACL song sheet, p. 18; see also p. 19 and p. 90.

HAEC TERRA EST VESTRA*

Haec terr(a) est vestra, haec terr(a) est mea,
A California ad Nov(um) Eboracum,
A ribris silvis ad sinus aquas,
Haec terr(a) est tibi et mihi.

Ut ambulabam in infula viae,
Vidi supra me infinitum caelum,
Vidi supra me auream vallem,
Haec terr(a) est tibi et mihi.

Vagabar ego, vestigia sequens,
Rect(a) ad harenas has desertarum,
Et circum me voces audiebam
Haec terr(a) est tibi et mihi.

HORATIUS FUNDUM HABUIT**

Horatius fundum habuit, i-ae-i-ae-o!
Et in fundo equ(um) habuit. i-ae-i-ae-o!
Cum *neigh neigh* hic, *neigh neigh* illic
Hic *neigh* illic *neigh* ubicumque *neigh, neigh*
Horatius fundum habuit, i-ae-i-ae-o.

*ACL song sheet, p. 18.
**ibid.

♪

*WHEN IRISH EYES ARE SMILING**
(CARMEN INSULAE VIRIDIS)

Ridentibus Hibernis
Oculis, est ver mane.
Sono risus Hibernorum,
Cantant angeli clare.
Laetantibus Hibernis
Oculis, omnes nitent.
Et ridentes Hibernorum
Oculi cor surripient.

* by: Judith P. Hallett, University of Maryland, College Park
In Honor of John Duffy
December 1995

APPENDIX II

CHRISTMAS SONGS

♪

*O COME ALL YE FAITHFUL**

Adeste, fideles,
Laeti triumphantes:
Venite, venite in Bethlehem;
Natum videte
Regem angelorum;
Venite adoremus, Venite adoremus
Venite adoremus Dominum.

En grege relicto,
Humiles ad cunas
Vocati pastores approperant.
Et nos ovanti
Gradu festinemus;
Venite adoremus, Venite adoremus
Venite adoremus Dominum.

Stella duce, Magi
Christum adorantes
Aurum, tus, et myrrham dant munera.
Iesu infanti
Corda praebeamus;
Venite adoremus, Venite adoremus
Venite adoremus Dominum.

Cantet nunc hymnos
Chorus angelorum;
Cantet nunc aula caelestium:
"Gloria
In excelsis Deo!"
Venite adoremus, Venite adoremus
Venite adoremus Dominum.

Lat. Songs, p. 55; see also p. 70 and p. 116.

JOY TO THE WORLD*

Gaudete! Venit Dominus;
    Iam regnum ineat;
Dum caelum canit et mundus,
    Cor quodque teneat.

Regnat Salvator; gaudeant
    Cantare homines;
Dum montes, campi resonant,
    Agrique et amnes.

Decedent luctus, scelera,
    Nec sentes oberunt;
Illius fluent munera
    Quo pestes incidunt.

Iuste ac leniter regit,
    Et edocet terras
Sua aequitas quam praestans sit,
    Quam mira caritas.

*Lat. Songs, p. 52; see also p. 76.

*O LITTLE TOWN OF BETHLEHEM**

O urbs pusilla Bethlehem,
Quam placide dormis,
Sopore alto obruta
Tranquillis sub astris!
At has per vias caecas
Lux splendet aeterna:
Curarum adest hominum
Levamen, spes nostra.

Nam Christum natum Maria
Mirantes, angeli
De nocte supra vigilant
Amore exciti.
O stellae matutinae,
Tam miram propter rem,
Nunc laudes Deo canite,
Hominibus pacem!

Quam tacite demittitur
Mirificum munus!
Sic sua beneficia
Confert in nos Deus;
Perceptus nullo sensu,
Nec spernens improbos
Benigne Christus supplices
Invisit animos.

Lat. Songs, p. 57.

O sancte Iesu, et ad nos
Descende hodie;
Purgata nostra pectora
Ini, precamur te.
Audimus illa laeta
Canentes angelos;
Renascere, Emmanuel,
Maneque apud nos.

♪ *GOD REST YOU MERRY, GENTLEMEN*[*]

O viri, este hilares
   Et bono animo;
Salvator Christus natus est
   Hoc tempore festo,
Ut nos errantes liberet
   Summo periculo.

O laetissimum nuntium, laetissimum,
O laetissimum nuntium.

De caelo Pater misit
   In terram angelum,
Qui quosdam ad pastores
   Afferret nuntium,
In Bethlem natum esse
   Ipsius filium.

Quo cognito pastores,
   Completi gaudio,
Relictis statim gregibus
   In imbri et vento,
Approperant in urbem
   Visendi studio.

Eo cum pervenissent,
   Viderunt parvulum
Cubantem in praesepio
   In faeno pecorum,
Dum mater nixa genibus
   Adorat Dominum.

[*]*Lat. Songs*, p. 47.

Nunc collaudemus Dominum
   Omnes qui adsumus,
Amore vero inter nos
   Dilecti penitus;
Nam omnium dierum
   Hic est faustissimus.

♪
*IT CAME UPON THE MIDNIGHT CLEAR**

Serena nocte media
    Delapsi de caelis
Insigne illud angeli
    Psallerunt citharis:
'In terra pax et gratia
    Dei benevoli;'
Quiescit orbis reverens
    Dum canunt angeli.

Bis mille annos egimus
    Ex illo cantico,
Discordia et scelere
    Plenos miserrimo;
Bellantes semper homines
    Sunt cantus inscii,—
Iam rixas intermittite
    Dum canunt angeli.

Adventat tempus aureum,
    Annis volventibus,
Iam pridem quod praedictum est
    A sanctis vatibus,
Cum Pacis Princeps praeerit
    Refecto huic orbi,
Omnesque reddent homines
    Quae canunt angeli.

Lat. Songs, p. 51.

THE FIRST NOWELL*

Primum Noel cecinit angelus
Pastoribus excubantibus
Qui summa hieme in agris
Manebant cum gregibus suis.

> Noel, Noel, Noel, Noel,
> Natus est Rex in Israel.

In caelum hi suspiciunt
Stellamque clarissimam cernunt,
Quae ex oriente enitet
Ac noctes diesque permanet.

Iam duce stellae lumine
Tres Magi venerunt peregre
Ut regem quaererent, certi
Quocumque praeiret prosequi.

Ad occidentem stella praeit
Donec usque Bethlehem pervenit;
Consistit tum supra locum in quo
Puerulus iacet in praesepio.

Ingressi Magi illi tres
Infantis Iesu ad pedes
Se reverenter proiciunt,
Et aurum, tus, myrrham offerunt.

Nunc universi ex animo
Tribuamus laudes Domino,
Hunc mundum qui creaverit,
Et sanguine Christi nos emerit.

*Lat. Songs, p. 47.

HARK THE HERALD ANGELS SING*

En canentes angeli;
'Gloria novo Principi;
Pax in terra et Deus
Concors cum peccantibus.'
Laeti omnes populi,
Cum caelicolis iuncti,
Predicate 'Nunc Christus
Est in Bethlehem natus.'

En canentes angeli;
'Glori novo Principi'

Adoratus caelitus,
Christus, semper Dominus,
Serius advenit spe,
Genitus e virgine;
Carne Deus obsitus,
Salve, homo redditus;
Volens ut par sit honos,
Commoratur inter nos.

Salve, Rex concordiae,
Salve, Sol iustitiae,
Lumen, vitam afferens,
Salutaris oriens.
Gloriam deposuit,
Humilesque exulit,
Immortales reddens nos,
Denuo regenitos.

*Lat. Songs, p. 48; see also p. 76.

SILENT NIGHT*

Nox silens! sancta nox!
En tranquilla omnia;
Cubat virgo cum nato mater.
Infans sancte, mollis, tener,
Dormi tu placide,
Dormi tu placide.

Nox silens! sancta nox!
Circumfulget gloria;
Primi pastores sentiunt;
Angeli Alleluia! canunt,
Christus Salvator adest!
Christus Salvator adest!

Nox silens! sancta nox!
Nati Deo e vultu
Clare verus amor lucet;
Nobis salutis spes affulget,
Nato te, O Iesu.
Nato te, O Iesu.

*Lat. Songs, p. 60; see also p. 75 and p. 110.

♪

STILLE NACHT*

Franz Gruber, 1818

Stille Nacht, heilige Nacht!
Alles schläft, einsam wacht
nur das traute, hochheilige Paar.
Holder Knabe im lockigen Haar,
schlaf in himmlischer Ruh,
schlaf in himmlischer Ruh.

Stille Nacht, heilige Nacht!
Hirten erst kundgemacht
durch der Engel Halleluja
tönt es laut von fern und nah:
Christ, der Retter, ist da!
Christ, der Retter, ist da!

Stille Nacht, heilige Nacht!
Gottes Sohn, o wie lacht
Lieb aus deinem göttlichen Mund
da uns schlägt die rettende Stund
Christ, in deiner Geburt,
Christ, in deiner Geburt.

*From: *Evangelisches Kirchengesangbuch*, Hamburg 1976, p. 405; see also p. 75 and p. 109.

APPENDIX III

GREGORIAN CHANTS[1]

VIII. Mass (De Angelis)
Rorate
Adeste Fideles
Victimae Pascali
Adoro Te Devote
Veni Creator Spiritus
Te Deum
Pange Lingua
Requiem Aeternam
Dies Irae

[1]From: *The Liber Usualis,* ed. by the Benedictines of Solesmes, Tournai/New York 1961.

VIII. MASS (DE ANGELIS)*

KY-ri- e * e- lé- i-son. *iij.* Chríste

e- lé- i-son. *iij.* Ký-ri- e e-

lé- i-son. *ij.* Ký-ri- e * ** e- lé- i-son.

GLó-ri- a in excélsis Dé- o. Et in térra pax homí-ni-

bus bónae vo-luntá-tis. Laudá-mus te. Benedí-cimus te.

Ado-rá-mus te. Glo-ri-ficámus te. Grá-ti- as ágimus tí- bi

propter mágnam gló-ri- am tú- am. Dómine Dé-us, Rex cae-

lé-stis, Dé-us Pá-ter omní-pot-ens. Dómine Fí-li unigéni-

*L.U., p. 37ff.

te Jésu Chríste. Dómine Dé- us, Agnus Dé- i, Fí-li- us

Pá-tris. Qui tóllis peccáta mún-di, mi-se-ré- re nó-bis. Qui

tól-lis peccá-ta múndi, súscipe depreca-ti- ónem nó-stram.

Qui sédes ad déxteram Pá-tris, mi-seré-re nó-bis. Quóni- am

tu só-lus sánctus. Tu só-lus Dómi-nus. Tu só-lus Altíssi-

mus, Jé-su Chrí-ste. Cum Sáncto Spí-ri-tu, in gló-ri- a

Dé- i Pá- tris. A- men.

S An- ctus, * Sánctus, Sán- ctus Dó- mi-nus

Dé- us Sá- ba- oth. Pléni sunt caé- li et tér-

—113—

ra gló- ri- a tú- a. Hosánna in excél- sis. Bene-

dí- ctus qui vé- nit in nómine Dómi-ni. Ho-sán-

na in excél- sis.

-gnus Dé- i, * qui tóllis peccáta múndi : mi-se-

ré-re nó- bis. Agnus Dé- i, * qui tól-lis peccáta mún-

di : mi-se-ré-re nó- bis. Agnus Dé- i, * qui tóllis pec-

cá-ta múndi : dóna nó-bis pá- cem.

- te, míssa est.
Dé- o grá-ti- as.

Enedicámus Dó- mi-no.

RORATE*

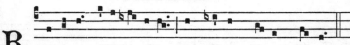

R Orá-te caéli dé-super, et núbes plú- ant jústum.
The Choir repeats : Roráte.

1. Ne i-rascá-ris Dómine, ne ultra memíne-ris in-iqui-tá-

tis : ecce cívi-tas Sáncti fácta est de-sérta : Sí- on de-sérta

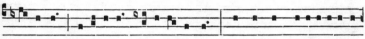

fácta est: Jerúsalem deso-lá-ta est : dómus sancti-ficati-ónis

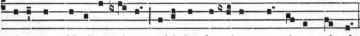

tú-ae et gló-ri-ae tú-ae, ubi lauda-vérunt te pátres nóstri.
℟. Roráte.

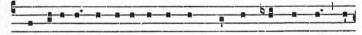

2. Peccávimus, et fácti súmus tamquam immúndus nos, et

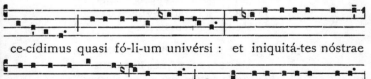

ce-cídimus quasi fó-li-um univérsi : et iniquitá-tes nóstrae

quasi véntus abstu- lé-runt nos : abscondísti fáci- em tú- am

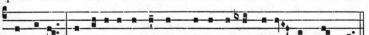

a nóbis, et alli-sísti nos in mánu in-iqui-tá- tis nóstrae.
* *L.U.,* p. 1868f.

ADESTE FIDELES*

1. Ad- é- ste, fi- dé- les, laé- ti, tri- um-
phán- tes: Ve- ní- te, ve- ní- te in Béth- le-
em : Ná- tum vi- dé- te Ré- gem ange-
ló- rum. Ve- ní- te, ad-o- ré- mus. Ve- ní- te, ad-o-
ré- mus. Ve- ní- te, ad-o- ré- mus Dó- mi- num.

The Choir : Nátum vidéte.

2. En grége relícto, húmiles ad cúnas
   Vocáti pastóres appróperant :
   * Et nos ovánti grádu festinémus :
   Veníte, adorémus, *etc.*

3. Ætérni Paréntis splendórem aetérnum
   Velátum sub cárne vidébimus :
   * Déum infántem, pánnis involútum,
   Veníte, adorémus, *etc.*

4. Pro nóbis egénum et foéno cubántem
   Piis foveámus ampléxibus :
   * Sic nos amántem quis non redamáret?
   Veníte, adorémus, *etc.*

L.U., p. 1870f.

VICTIMAE PASCALI*

Ictimae paschá-li láudes * ímmolent Christi- áni.

Agnus redémit óves : Chrístus ínnocens Pátri reconci-

li- ávit peccatóres. Mors et ví-ta du-éllo conflixére mirán-

do : dux vítae mórtu-us, régnat vívus. Dic nóbis Marí- a,

quid vidísti in ví- a? Sepúlcrum Chrísti vivéntis, et gló-

ri- am vídi resurgéntis : Angé-licos téstes, sudá-ri- um, et

véstes. Surréxit Chrístus spes mé- a : praecédet sú-os in Ga-

lilaé- am. Scímus Chrístum surrexísse a mórtu- is vere :

tu nóbis, víctor Rex, mi-se-ré-re. Amen. Alle-lú-ia.

*L.U., p. 780. —117—

*ADORO TE DEVOTE**
Hymn of S. Thomas Aquinas

Adóro te devó-te, lá-tens Dé-i-tas, Quae sub his figú-ris ve-re lá-ti-tas : Tí-bi se cor mé- um tó-tum súbji-cit Qui- a te contémplans tó-tum dé-fi-cit. [1]

2.[1] Vísus, táctus, gústus in te fállitur,
Sed audítu sólo tuto créditur :
Crédo quidquid díxit Déi Fílius :
Nil hoc vérbo veritátis vérius.

3. In crúce latebat sóla Déitas,
At hic látet simul et humánitas :
Ambo tamen crédens atque cónfitens :
Péto quod petívit látro paénitens.

4. Plágas, sicut Thómas, non intúeor
Déum tamen méum te confíteor :
Fac me tíbi semper magis crédere,
In te spem habére, te diligere.

5. O memoriále mórtis Dómini,
Pánis vivus vítam praéstans hómini,
Praésta méae ménti de te vívere,
Et te ílli semper dúlce sápere.

6.[1] Píe pellicáne Jésu Dómini,
Me immundum múnda túo sánguine,
Cújus úna stílla sálvum fácere
Tótum múndum quit ab ómni scélere.

[1] *In verses 2 and 6 no pause in last line.*

* By Thomas Aquinas, *L.U*, p. 1855.

VENI CREATOR SPIRITUS*

Eni Cre- á-tor Spí-ri-tus, Méntes tu- órum ví-si-ta :

Imple su-pérna grá-ti- a Quae tu cre- ásti pécto-ra. 2. Qui

dí-ce-ris Pa-rácli-tus, Altíssimi dó-num Dé- i, Fons vívus,

ígnis, cá-ri-tas, Et spi-ri-tá-lis úncti- o. 3. Tu septi-fórmis

múne-re, Dí-gi-tus pa-térnae déxterae, Tu ri-te promíssum

Pátris, Sermóne dí-tans gúttura. 4. Accénde lúmen sénsi-

bus, Infúnde amó-rem córdibus, Infírma nóstri córpo-

ris Virtú-te fírmans pérpe-ti. 5. Hóstem repéllas lóngi- us,

(cont.)

*L.U., p. 885f.

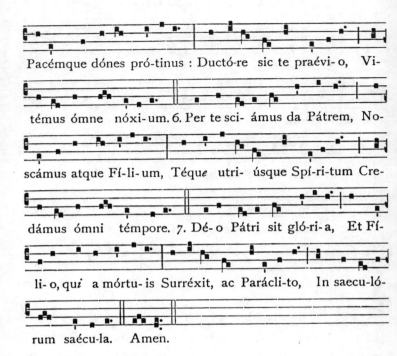

Pacémque dónes pró-tinus : Ductó-re sic te praévi- o, Vi-

témus ómne nóxi- um. 6. Per te sci- ámus da Pátrem, No-

scámus atque Fí-li- um, Téque utri- úsque Spí-ri-tum Cre-

dámus ómni témpore. 7. Dé- o Pátri sit gló-ri- a, Et Fí-

li- o, qui a mórtu- is Surréxit, ac Parácli-to, In saecu-ló-

rum saécu-la. Amen.

TE DEUM*

TE Dé-um laudámus : * te Dóminum confi-témur.

Te aetérnum Pátrem ómnis térra vene-rá-tur. Tí-bi ómnes

Ange-li, tí-bi Caéli et univérsae Potestá-tes : Tí-bi

Chérubim et Séraphim incessábi-li vóce proclámant : Sán-

ctus : Sánctus : Sánctus Dóminus Dé-us Sába-oth. Pléni

sunt caéli et térra ma-jestá-tis gló-ri-ae tú- ae. Te glo-

ri-ósus Aposto-lórum chó-rus : Te Prophe-tárum laudá-

bi-lis númerus : Te Mártyrum candidá-tus láudat exérci-

tus. Te per órbem terrárum sáncta confi-té-tur Ecclé-si- a :

*L.U., p. 1834ff.

Pátrem imménsae ma-jestá-tis : Vene-rándum tú-um vé-

rum et úni-cum Fí-li- um : Sánctum quoque Pa-rácli-tum

Spí-ri-tum. Tu Rex gló-ri-ae, Chríste. Tu Pátris sempi-tér-

nus es Fí-li- us. Tu ad libe-rándum suscep-túrus hóminem,

non horru- ísti Vírgi-nis úterum. Tu devícto mórtis acú-

le-o, aperu-ísti credéntibus régna caeló-rum. Tu ad déx-

te-ram Dé- i sédes, in gló-ri- a Pátris. Júdex créde-ris

All kneel while this verse is sung.

ésse ventú-rus. Te ergo quaésumus, tú- is fámu-lis súbve-

ni, quos pre-ti- óso sánguine redemí-sti. Aetérna fac

cum Sánctis tú- is in gló-ri- a nume-rá- ri. Sálvum fac pó-

pu-lum tú-um Dómine, et bénedic haere-di-tá-ti tú- ae.

Et ré-ge é- os, et extólle íllos usque in aetér-num.

Per síngu-los dí- es, benedí-cimus te. Et laudámus nómen

tú-um in saécu-lum, et in saécu-lum saécu-li. Digná-re

Dómine dí- e ísto, sine peccá-to nos custodí- re. Mi-se-

ré-re nóstri Dómine, mi-se-ré-re nóstri. Fí- at mi-se-ri-cór-

di- a tú- a Dómine super nos, quemádmodum spe-rávimus

in te. In te Dómine spe-rá- vi : non confúndar in

aetér- num.

PANGE LINGUA*

P Ange língua glo-ri- ó-si Córpo-ris mysté-ri- um,

Sanguinísque pre-ti- ó-si, Quem in múndi pré-ti- um Frú-

ctus véntris gene-ró-si Rex effúdit génti- um. 2. Nóbis dá-

tus, nóbis ná-tus Ex intácta Vírgine, Et in múndo

conversá-tus, Spárso vérbi sémine, Sú- i móras inco-lá-

tus Mí-ro cláusit órdine. 3. In suprémae nócte coénae

Recúmbens cum frátribus, Observá-ta lége plene Cí-bis

in legá-libus, Cíbum túrbae du-odénae Se dat sú- is má-

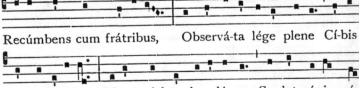

* L.U., p. 957ff.

nibus. 4. Vérbum cáro, pánem vérum Vérbo cárnem éffi-

cit : Fítque sánguis Chrísti mérum, Et si sénsus dé-ficit,

Ad firmándum cor sincé-rum Só-la fídes súf-fi-cit.* 5. Tán-

tum ergo Sacraméntum Vene-rémur cérnu-i : Et antí-

quum documéntum Nóvo cédat rí-tu-i : Praéstet fídes sup-

pleméntum Sénsu-um de-féctu-i. 6. Geni-tó-ri, Geni-tóque

Laus et jubi-lá-ti-o, Sá-lus, hónor, vírtus quoque Sit et

benedícti-o : Procedénti ab utróque Cómpar sit laudá-

ti-o. Amen.

* All kneel for the next stanza. if this Office be celebrated in presence of the Blessed Sacrament exposed.

℣. Pánem de caélo praesti-tísti é- is, alle-lú-ia.

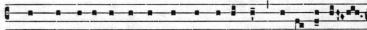

℟. Omne de-lectaméntum in se habéntem, alle- lú-ia.

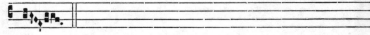

REQUIEM AETERNAM*

R Equi-em * aetér- nam dó-na é- is Dómi-

ne : et lux perpé-tu- a lú-ce- at é- is.

Ps. Te dé-cet hýmnus Dé-us in Sí- on, et tí-bi reddétur

vótum in Jerúsa-lem : * exáudi ora-ti- ónem mé-am, ad

te ómnis cáro véni- et. Réqui- cm.

* *L.U.*, p. 1807.

DIES IRAE*

DI-es írae, dí-es ílla, Sólvet saéclum in favílla :

Téste Dávid cum Sibýlla. Quántus trémor est futúrus,

Quando jú-dex est ventúrus, Cúncta stricte discussúrus!

Túba mí-rum spár-gens sónum Per sepúlcra regi-ónum,

Cóget ómnes ante thrónum. Mors stupé-bit et natú-

ra, Cum resúrget cre-a-túra, Judi-cán-ti responsúra.

Líber scríptus pro-fe-ré-tur, In quo tó-tum continé-tur,

Unde múndus judi-cé-tur. Júdex ergo cum sedébit,

* L.U., 1810ff.

Quídquid lá-tet apparébit : Nil inúltum remanébit.

Quid sum mí-ser tunc dictúrus? Quem patró-num roga-tú-

rus? Cum vix jústus sit secúrus. Rex treméndae ma-je-

stá-tis, Qui sal-vándos sálvas gra-tis, Sálva me, fons pi-e-

tá-tis. Recordá-re Jé-su pí-e, Quod sum cáusa tú-ae

ví-ae : Ne me pér-das ílla dí-e. Quaérens me, se-dí-

sti lássus : Redemísti crúcem pássus : Tántus lá-bor non

sit cássus. Júste júdex ul-ti-ónis, Dó-num fac remissi-ó-

nis, Ante dí- em ra-ti- ónis. Ingemísco, tamquam

ré-us : Cúlpa rúbet vúltus mé- us : Suppli-cánti párce

Dé- us. Qui Ma-rí- am absolvísti, Et latró-nem exau-

dísti, Mí-hi quoque spem dedísti. Préces mé-ae non sunt

dígnae : Sed tu bó-nus fac benígne, Ne per-énni crémer

ígne. Inter óves ló- cum praésta, Et ab haédis me

sequéstra, Stá-tu-ens in párte déxtra. Confu-tá-tis ma-

ledíctis, Flámmis ácribus addíctis, Vóca me cum be-

nedíctis. Oro súpplex et acclí-nis, Cor contrí-tum qua-

si cí-nis : Gé-re cúram mé- i fí-nis.   Lacrimósa dí- es

ílla, Qua resúrget ex favílla   Judi-cándus hó- mo

ré- us : Hú- ic ergo pár- ce Dé- us. Pí- e Jésu Dómine,

dóna é- is réqui- em. A- men.

INDEX TITULORUM

Adeste Fideles   70, 100, 116
Adoro Te Devote   118
Alouette   31
Aloha Oe   33
Amata est trans Oceanum   92
America   80
America Pulchra   54, 93
America the Beautiful   54, 93
Amazing Grace   14
Auld Lang Syne   19, 90, 96

Battle Hymn of the Republic   92

Caesar's Triumph   89, 94
Carry Me Back to Virginny   88
Come, Follow Me   2
Cockles and Mussels   28

Deck the Halls   78
Dies Irae   128
Dixie Land   46, 87
Down By the Riverside   52
Drink to Me Only   86
Dulce Cum Sodalibus   92

Ecce Caesar   89, 94

Five Hundred Miles   48
For He's A Jolly Good Fellow   9, 84
Frére Jacques   26

Gaudeamus Igitur   85
God Rest You Merry, Gentlemen   104

God Save the King 80
Go Down, Moses 22
Good Night, Ladies 41, 83
Go Tell It on the Mountain 69
Greensleeves 32
Guantanamera 27

Haec Terra est Vestra 97
Happy Birthday to You 8
Hark! The Herald Angels Sing 76, 108
Hava Nagila 30
He's Got the Whole World in His Hands 20
Home on the Range 49
Horatius Fundum Habuit 97

I Saw Three Ships Come Sailing In 77
If You're Happy 6
Illa Veniet Circum Montem 63, 96
Ingredientibus Sanctis 94
In Via Ferri Laboravi 95
It Came Upon the Midnight Clear 106

Jingle Bells 66
John Brown's Body 15, 83
Joy to the World 76, 101

Kum Ba Ya 16

VIII. Mass (De Angelis) 112
My Bonnie 38, 82

Nobody Knows the Trouble I've Seen 17

O Come, All Ye Faithful 70, 96, 100
O Canada 93

O Little Town of Bethlehem   102
Oh, Christmas Tree   68
Oh, My Darling Clementine   44
Oh, Susannah   62
Oh, When the Saints Go Marching In   18
Old Folks at Home (Swanee River)   56, 81, 95
Old MacDonald Had a Farm   3
On Top of Old Smoky   47

Pange Lingua   124
Polly Wolly Doodle   55
Procul A Suani Rivis   56, 81, 95

Requiem Aeternam   127
Rock My Soul   24
Rorate   115
Row, Row, Row Your Boat   4

She'll Be Coming Round the Mountain   63, 96
Shenandoah   45
Silent Night   75, 109, 110
Simple Simon   11
Sloop John B.   42
Song of the Volga Boatmen   35
Stille Nacht   110
Sur Le Pont   34
Swanee River   56, 81
Swing Low, Sweet Chariot   16

Te Deum   121
Ten Little Indians   7
The Farmer in the Dell   10
The First Nowell   107
The Star Spangled Banner   53, 91
The Twelve Days of Christmas   74
There is a House in New Orleans   60

The Farmer in the Dell   10
The First Nowell   107
The Star Spangled Banner   53, 91
The Twelve Days of Christmas   74
There is a House in New Orleans   60
There's a Hole in the Bucket   58
This Old Man   5
Three Blind Mice   4
Tom Dooley   51
Tu es Sol Meus   94

Veni Creator Spiritus   119
Victimae Pascali   117

We Shall Overcome   23
We Wish You a Merry Christmas   67
What Shall We Do with the Drunken Sailor   40
When Irish Eyes are Smiling   98
When Johnny Comes Marching Home   57

Yankee Doodle   50

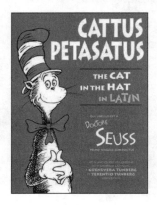

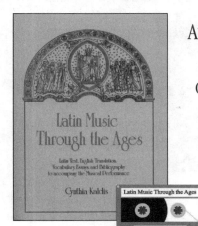

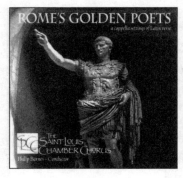

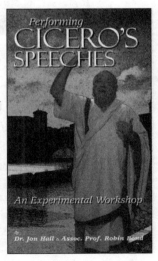

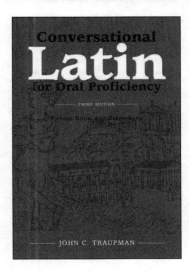

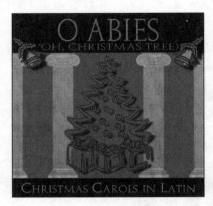